AF268036

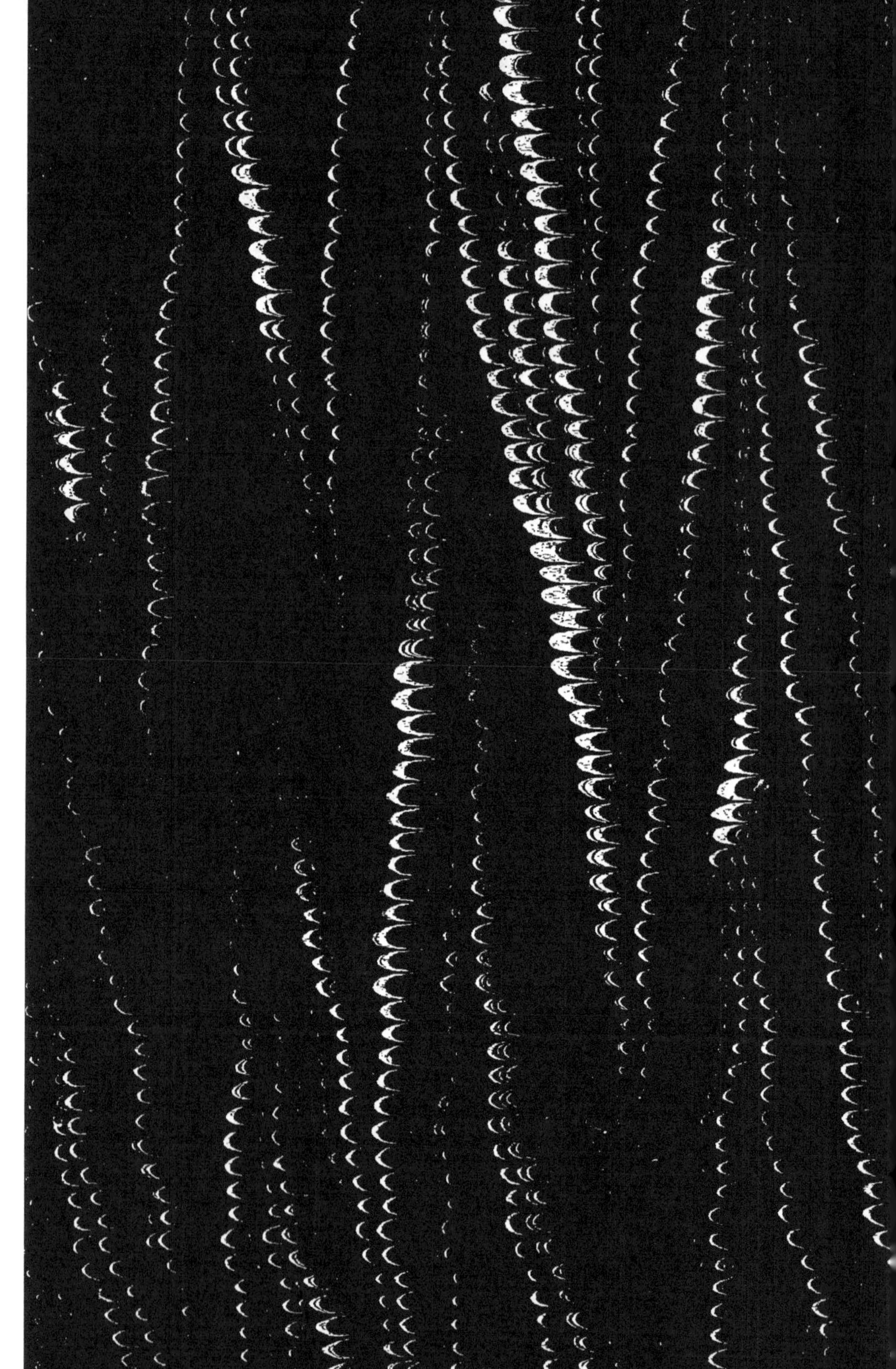

105

MONNAIES
DES ROIS D'ÉTHIOPIE

(NAGAST DE AKSUM EN ABYSSINIE)

DÉCRITES PAR

AD. DE LONGPÉRIER

Membre de l'Académie des inscriptions

ET

OBSERVATIONS

SUR

LES MONNAIES ÉTHIOPIENNES

PAR

ANTOINE D'ABBADIE

Membre de l'Académie des sciences

PARIS

IMPRIMÉ PAR E. THUNOT ET Ce

RUE RACINE, 26, PRÈS DE L'ODÉON.

1868

MONNAIES DES ROIS D'ÉTHIOPIE.

(NAGAST DE AKSUM EN ABYSSINIE.)

(Pl. II.)

———

Eckhel n'a pas connu les monnaies de l'Éthiopie, et près d'un demi-siècle s'était écoulé depuis la publication de sa *Doctrina* sans que les numismatistes eussent été amenés à penser qu'une contrée si méridionale [1] avait fait usage de signes d'échanges qui impliquent un degré de civilisation assez avancé. C'est seulement en 1838 que M. le Dr E. Rüppell inséra dans la relation de son voyage en Abyssinie [2] la figure et la description de trois monnaies des rois de Aksum : deux pièces d'or qu'il a rapportées et données à la bibliothèque de Francfort-sur-le-Mein, et une pièce de cuivre appartenant à M. Anastasi, d'Alexandrie [3]. Quelques années plus tard, le colonel Claude Steuart achetait à Aden et remettait au Musée Britannique une troisième pièce d'or qui fut publiée par M. le Dr Rüppell dans le *Numismatic Chronicle* [4]. Une quinzaine d'années après, M. Emil Engel, de Tótis en Hongrie, se procura un sou d'or aksumite qui a été apporté à Paris et que j'ai pu exa-

———

[1] « A l'extrémité de la terre habitable du côté du couchant, » dit Hérodote, III, 114.

[2] *Reiss in Abyssinien*. Francfort, 1838, t. II, p. 344, atlas, pl. VIII.

[3] Voy., dans notre pl. III, n° 8, une figure de cette monnaie, gravée d'après un bon dessin rapporté par M. d'Abbadie.

[4] Ire série, t. VIII, 1845 6, p. 121.

miner. Cette belle pièce a été commentée dans le *Bulletin de l'Académie de Vienne*, par le Dr Friedrich Kenner [1]. M. Th. von Heuglin s'est procuré vers la même époque six pièces de cuivre dont la description a été imprimée à Leipsig [2], avec la figure de quatre de ces monnaies. Mais les dessins envoyés en Allemagne sont si faibles qu'ils n'ont donné lieu à aucune explication, autant du moins que je puis le croire.

Enfin M. Guillaume Lejean, consul de France, a plus récemment recueilli en Abyssinie (juin 1864), un excellent petit lot de monnaies de bronze dont il a bien voulu me charger de donner la description. Cette tâche, si difficile pour un antiquaire étranger à la connaissance des diverses langues de l'Éthiopie, et qui ne peut par conséquent puiser aux sources vives de l'histoire de cette région, je ne l'eusse pas acceptée si elle ne m'eût pas fourni l'occasion de déterminer un savant éminent qui a longtemps résidé en Abyssinie, qui en a profondément étudié les idiomes, à publier aussi les monnaies aksumites de sa collection. Mon confrère M. Antoine d'Abbadie, membre de l'Institut, a mis la plus aimable obligeance à nous faire part de son trésor. Les archéologues, en lisant son mémoire, n'hésiteront pas à me pardonner ma téméraire entreprise.

---

[1] *Ueber das Münzrecht und die Goldpräge der Könige der Axumiten*, dans les *Sitzungsberichte der phil.-hist. Classe der k. Akad. der Wissensch.* 1862, t. XXXIX, p. 554.

[2] *Beschreib. einiger œthiop. Kupfermünzen*, Adoa, 1861, dans la *Zeitschr. der d. morgenl. Gesellsch.*, 1863, p. 377. Renseignement qui m'a été indiqué par M. G. Lejean. J'ajoute que dans une relation de son voyage qui vient de paraître (*Reise nach Abessinien*, Iéna, 1868, p. 153), le savant naturaliste allemand mentionne (il y a peut-être là un chiffre retourné) les 9 monnaies antiques de Aksum qu'il a recueillies ; mais il n'en reproduit pas les figures, et n'en donne pas une nouvelle description.

S'il s'agissait de monnaies arabes, j'aurais le droit et
par suite le devoir d'émettre une opinion ; mais quand il
est question de monnaies éthiopiennes, je ne puis prendre
la parole qu'avec le caractère d'un curieux très-désireux
d'apprendre, et qui n'a d'autre guide que son habitude
invétérée de classer les monuments. Ce n'est pas que l'alphabet ghez soit bien difficile ; à l'époque à laquelle ap-
partiennent les monnaies dont je vais m'occuper, il est
même d'une grande simplicité, puisque les voyelles n'y
sont pas encore attachées. D'ailleurs les plus anciennes
monnaies de Aksum portent des légendes grecques. Mais
que dire en fait de numismatique lorsqu'on ne peut pas in-
terroger les textes originaux, et lorsque l'on se trouve en
présence de noms qui ne se rencontrent pas dans les listes
royales imprimées en Europe, listes qui offrent en outre
des différences très-considérables [1]! Je vais donc, pour
me conformer à la mission que M. Lejean m'a confiée avec
tant de bienveillance, décrire matériellement les pièces qu'il
m'a remises, en reproduisant d'abord celles qui ont été ex-
pliquées par M. le Dr Rüppell, lesquelles me paraissent plus
anciennes. Chemin faisant, j'adresserai mon appel aux
hommes spéciaux. Mes questions, mes doutes leur feront
voir plus rapidement ce qu'ils auront à dire pour éclairer
les « homines bonæ voluntatis. »

N° 1. — Globe sur un croissant, ΒΑϹΙΛΕΥϹ ΑΦΙΛΑϹ·
Buste royal tourné à droite, la tête diadémée et ceinte
d'une couronne décorée de plaques surmontées de perles ;
l'oreille est ornée d'un pendant ; une draperie laisse à découvert le bras droit qui tient une épée. Deux grands épis

---

[1] Je parle non-seulement des listes publiées par M. Rüppell et par M. Dillmann (*Zeitschr. der deutsch. morgenländ. Gesellsch.* 1853, t. VII, p. 341 et
suiv.), mais encore de celles qui ont été recueillies par M. d'Abbadie.

entourent le buste. Le grènetis du pourtour est remplacé par une rangée de flots.

℞. Globe sur un croissant, **BICIΔIMHΛH AZWMITWN.** Buste royal tourné à droite, la tête diadémée et ceinte d'une tiare sphéroïdale, ornée d'un fleuron sur le devant, l'oreille ornée d'un pendant; une tunique à plis verticaux et une petite draperie découvrent le bras droit qui tient une plante à trois tiges. Deux grands épis recourbés entourent le buste. — Or. (Pl. II, n° 1.)

Rüppell, *Reise in Abyssinien*, atlas, pl. VIII, n° 6.
Collection de la ville de Francfort-sur-le-Mein.

N° 2. — Globe sur un croissant, **BACIΛEYC AΦ — IΛAC.** Buste comme au numéro précédent. Flots au pourtour.

℞. Globe sur un croissant, **BICIΔIMHΛH AZWMITWN.** Buste comme au numéro précédent. Grènetis au pourtour. — Or. (Pl. II, n° 2.)

Cette pièce diffère de la première, principalement en ce que le nom Ἀφίλας est coupé par un grand espace vide.

Kenner, *Sitzungsberichte der phil. - hist. Classe der K. Akad. d. Wissensch.*, Wien, 1862, t. XXXIX, p. 554.
Collection de M. Emil Engel.

Sur l'exemplaire de Francfort, la rangée de flots est à peine perceptible; mais on peut en constater l'existence en comparant cette pièce à celle de M. Engel. C'est une particularité qui se remarque sur un didrachme de Camarina, et qui, pour la Sicile, s'explique facilement, parce que sur cette dernière monnaie les flots entourent la tête du fleuve Hipparis [1]. La présence des flots sur une monnaie de

---

[1] Torremuzza, *Sicil. pop. et urb. vet. num.*, 1781, pl. XVIII, n° 3. — Ch. Combe, *Mus. Hunt*, pl. XIV, n° 9. — Eckhel, *Doct. num.*, t. I, p. 199. — G. H. Noehden, *Specimens of ancient coins*, 1826, pl. IV. — Mionnet, *Descript.*,

Aksum doit être symbolique ; mais comme on ne peut pas l'expliquer par la position de cette ville près d'un fleuve, je me permettrai de signaler le fait numismatique à l'attention de M. d'Abbadie.

M. le Dr Rüppel lit le nom royal ΑΦΙΔΑϹ ; suivant lui, imitation grecque de Ela-Améda ; c'est une forme qui a pour elle des exemples classiques, puisque déjà dans l'Odyssée on trouve Ἀφείδας[1]. Mais je dois dire que sur la monnaie de M. Engel, de même que sur l'empreinte que M. le bibliothécaire de Francfort a eu la bonté de m envoyei, je n'aperçois pas trace de barre inférieure au caractère antépénultième, tout à fait pareil au lambda de ΒΑϹΙΛΕΥϹ. On pourrait donc lire Aphilas tout aussi bien qu'Aphidas, car il ne s'agit pas d'un grec. L'alpha est composé d'un Λ, au-dessous duquel est placé un point, particularité qui rappelle le *delta* employé par l'artiste Doris sur les vases peints de beau style qu'il a signés.

Les monnaies d'Aphilas ne présentent aucun signe de christianisme ; au commencement de la légende sur chacune de leurs faces, on voit un globe sur un croissant, symbole qui remonte à une haute antiquité, qui se trouve aussi sur une pierre gravée du Musée Britannique, portant quatre caractères himyaritiques[2], et qu'on aurait sans

t. I, n°s 119 et 120, p. 222 et 223, n'a pas indiqué le cercle de flots et ne paraît pas avoir reconnu la tête du fleuve, malgré la présence du nom sur une des deux variétés.

[1] *Odyss.*, XXIV, 305. — Voir Apollod., *Biblioth.*, III, 9, 1. — Char. *Fragm.* 13, et Demon. *Fragm.* 1, édit., Müller, 1841. — Pausan., VII, 25, 1 ; VIII, 4, 2, 45, 1 ; X, 9, 5, etc. — Un vase peint de la collection de M. de Witte représente un personnage nommé ΑΦΙΔΑϚ. *Élite des mon. céram.*, t. II, pl. CVIII, p. 365.

[2] Osiander, *Zur himyarischen Alterthumskunde*, Leipsig, 1864, pl. 35, ε. — Sur une pierre gravée de basse époque, on voit au-dessus d'un autel un astre

doute bien de la peine à faire accorder avec les idées nouvelles que les Aksumites adoptèrent au commencement du IV⁰ siècle. On verra plus loin qu'ils ont employé et même prodigué la croix sur leur monnaie lorsqu'ils furent devenus chrétiens [1].

Je suis en outre frappé de la beauté relative de ces deux monnaies d'or, et il me semble difficile d'admettre que ces pièces ont été émises au temps de Justinien, ainsi que cela a été proposé, alors que les légendes qu'elles portent sont tracées en caractères mieux formés que ceux qui composent la grande inscription monumentale de Aksum. Le roi Aïzana n'était pas chrétien quand il la fit faire, et paraît avoir régné dans la première moitié du IV⁰ siècle. Il est à remarquer qu'un de ses frères se nommait Ἀδηφᾶς [2].

Au revers des monnaies d'or on lit sur les deux exemplaires BICI (et non BACI) ΔIMHΛH (et non ΔIMHAN) ΑΞШMITШN, autour du buste d'un personnage tenant à la main une triple tige qui rappelle singulièrement le symbole que tiennent de la même manière certains personnages divins et royaux représentés dans les bas-reliefs assyriens. Les deux monnaies d'or d'Aphilas sont de coins différents; il est impossible d'en douter. Sur toutes deux on voit d'un

surmontant un croissant, le tout entouré d'une couronne d'épis. Passeri et Gori, *Thes. gemmar. astrifer.* Florence, 1750, pl. LI.—Les épis paraissent sur la monnaie juive à partir du règne d'Auguste ; on les voit au nombre de sept sur une monnaie du même empereur frappée à Alexandrie. C'est là un symbole d'abondance, et il me sera peut-être permis de faire remarquer que le nombre de ces épis rappelle un épisode de l'histoire d'Égypte dont le souvenir a été conservé traditionnellement par les Juifs (*Genèse*, XLI, 5, 26).

[1] Voyez pl. II, nᵒˢ 3, 4, 7, 10 ; pl. III, nᵒˢ 4, 6, 10. — La pièce d'or nᵒ 3 porte huit croix ; on en voit cinq sur la pièce suivante.

[2] Salt, *Travels in Abyssinia*, 1814, atlas, pl. XXV. — Bœckh, *Corpus inscr. græc.*, nᵒ 5128.

côté BACIΛEYC, très-correctement écrit, et au revers BICI· Ce dernier groupe représente-t-il aussi βασιλεύς, comme le croit M. Rüppell? Ce n'est pas absolument impossible; mais ce n'est pas non plus prouvé, ni même fort probable. ΔI- MHΛH, lu ΔIMHAN, qui se prononcerait *Dimian*, a été rapproché du nom d'un personnage qui régnait de l'autre côté de la mer Rouge, sur les Himyarites, et qui périt vers 525, lorsque ses États furent conquis par l'armée du roi de Aksum, lequel se nommait Caleb ou Atzbeha [1]. Le roi des Himyarites dont il est ici question est appelé par les historiens arabes, ses compatriotes, Zourà dhou-nowàs (à la chevelure bouclée, flottante) [2]. Ce sont les écrivains grecs et syriens qui le nomment *Dimion, Dimnus, Dunaan*, formes qu'il y a deux siècles Leutholf, dans son *Histoire d'Éthiopie*, proposait de considérer comme une altération du surnom Dhou-nowàs [3]. Depuis ce temps-là, cette opinion a été reproduite par un grand nombre de savants distingués. Mais ce n'est pas précisément une raison pour faire du roi des Himyarites un souverain de Aksum. Dhou-nowàs s'était converti à la religion juive et avait pris le nom de Joseph; il persécuta les chrétiens. Ceux-ci se plaignirent à l'empereur Justin qui invita le roi d'Éthiopie, alors chrétien lui-même, à punir le prince arabe. Sur la monnaie d'or nous

---

[1] C'est-à-dire Caleb dans une liste et Ela Atzbeha dans une autre. C'est ainsi qu'on établit la synonymie.

[2] Il faut voir, au sujet de ce personnage, ce qu'en a écrit Caussin de Perceval dans son *Essai sur l'hist. des Arabes avant l'islamisme*, 1847, t. I, p. 120 et suiv. On trouvera là les autorités nécessaires. — On pourra lire aussi avec fruit ce qu'en dit Noël des Vergers, *Arabie*, 1847, p. 70. Il serait facile de faire de l'érudition en copiant le travail de ces savants et en combinant les autorités qu'ils citent avec les deux notes que Saint-Martin a insérées dans son édition de l'*Hist. du Bas-Empire* de Lebeau, t. VIII, p. 53.

[3] Iobi Ludolfi *Historia Æthiopica*, 1681, lib. II, c. IV, 37.

voyons une tête dont les cheveux sont fort courts, car on ne les aperçoit pas au-dessous de la couronne. Cela répond bien mal au surnom *Dhou-nowàs* qui fait penser à des cheveux longs et bouclés comme ceux des Sassanides, des rois de la Characène ou des Nabatéens [1]. Si l'on s'en tient aux monnaies et à l'explication qui en a été donnée, ce n'est pas Aphilas (lu Aphidas), c'est-à-dire Ela-Ameda, qui porte le titre de roi des Aksumites; ce serait Dhou-nowàs (Dimian), le roi des Himyarites de l'autre côté de la mer Rouge, qui aurait reçu cette qualification sur un monument fabriqué dans les États d'un prince apparemment son allié et prédécesseur de son vainqueur. Jusqu'à présent nous ne connaissons pas d'alliances qui aillent aussi loin. Résumons la question :

Sur les deux monnaies d'or qui viennent d'être décrites, on a lu le nom d'Aphidas et celui de Dimian, roi des Aksumites, lequel serait le même que Dhou-nowàs, roi des Himyarites, défait par le roi des Aksumites.

Ces monnaies portent ΑΦΙΛΑC et ΒΙCΙΔΙΜΗΛΗ. Le rapprochement d'Aphidas et d'Ela-Ameda ne s'appuie que sur la ressemblance des syllabes *Ame* et *Aphi.* Aphidas n'est cité par aucun auteur ancien.

Si les textes ghez ne fournissent rien de plus, l'explication laisserait beaucoup à désirer.

La double effigie présente aussi une difficulté. On remarque les deux têtes sur les quatre premières monnaies de la planche II et sur la première monnaie de la planche III, pièce appartenant à M. d'Abbadie. S'il s'agissait seulement de monuments antérieurs à l'adoption du christianisme,

---

on pourrait chercher une tête de divinité sur l'une des faces de la monnaie. La numismatique nous offre de nombreux exemples de cette combinaison. Mais peut-on admettre que le même type ait été employé avant et après l'introduction de la foi chrétienne, s'il avait une valeur religieuse?

N° 3. + BAC + CI⸲ + BAX + ACA. Buste royal tourné à droite, la tête diadémée et ceinte d'une couronne ornée de fleurons et de perles, une tunique et une draperie laissent à découvert le bras droit qui tient une épée. Deux grands épis recourbés entourent le buste.

℞. + IAN + AAΦ + (de gauche à droite) + CIB + ⸲MЄ (de droite à gauche). Buste royal tourné à droite, la tête diadémée et ceinte d'une tiare sphéroïdale ornée d'un fleuron sur le devant; une draperie laisse à découvert le bras droit qui tient un rameau à trois tiges. Deux grands épis entourent le buste. — Or. (Pl. II, n° 3.) D'après une empreinte que je dois à la bonté de M. W. S. Vaux.

Numismatic chronicle, 1845-6, t. VIII, p. 121.

Médaillier du British Museum.

M. le docteur Rüppell, dans sa lettre à M. S. Birch, fait remarquer l'analogie de cette monnaie avec celle qu'il attribue à Aphidas. Il ajoute que le second successeur d'Ela-Ameda (Aphidas?) se nomme Esahel et occupe le n° 45 de la liste royale qu'il a publiée (*Reise in Abyss.*, vol. II, p. 346). En conséquence, lisant ACA. BAC (Asahel βασιλεύς) et le reste de la légende demeurant inexpliqué, il propose d'attribuer la monnaie au roi Asahel qui n'a régné que deux mois, et qui aurait été renversé par son serviteur Egabes (CIB⸲MЄ), dont on trouverait le portrait au revers de la monnaie. IAN AAΦ (la monnaie porte clairement AAΦ) serait un nom secondaire qu'Egabes aurait adopté. Les noms adoptifs Ian et Aelaf ont été pris par plusieurs souverains de l'Abyssinie ; par exemple Johannes (n° 125 de la liste) est appelé Aelaf Sagid. Je ne me permettrai aucune observation sur la partie éthiopienne de ces renseignements. Mais je puis du moins faire remarquer que pour admettre la lecture proposée, il faut donner au C la valeur d'un Γ, et supposer que le ᛖ est un caractère ghez renversé ; ω ayant en effet la valeur de S dans l'alphabet éthiopien. Si la légende est un mélange de ghez et de grec, ϟ ne serait pas un I, mais bien un N, ainsi que l'admet M. Rüppell lorsqu'il lit **SIN TACH** (CIϟ BAX) la demi-légende gauche inscrite sur le droit, que du reste il n'explique pas (the meaning of *sin tach* I do not know). Après toutes ces transformations de caractères, on arrive à obtenir ΓI-BICE pour représenter Egabes. Ne vaudrait-il pas mieux attendre quelque chose qui fût plus satisfaisant ?

J'entrevois là bien des difficultés paléographiques. On ne saurait pour les lever avoir recours aux caractères latins, car il faudrait commencer par prouver qu'ils ont été usités en Éthiopie. On pourrait proposer la leçon **BAC CIN BAXACA**, ce qui aurait l'inconvénient de fournir encore un nom de roi inconnu ; mais non pas un nom impossible, car les Nubiens nous ont montré que des Africains sachant mal le grec échangeaient dans l'écriture le K et le X[1].

La légende **IAN AAΦ CIB NMϾ** doit être expliquée autrement que par le grec.

N° 4. ✝ **BACIΛΙ AZωMI** (*sic*). Buste royal ceint d'une couronne élevée, entre deux épis.

---

[1] Inscription du roi Silco, commentée par Letronne, *Nouvel examen de l'inscription grecque déposée dans le temple de Talmis en Nubie, considérée dans ses rapports avec l'introduction du christianisme et la propagation de la langue grecque parmi les peuples de la Nubie et de l'Abyssinie*, dans les *Mém. de l'Acad. des inscr.*, 1831, t. IX, p. 143.—Cf. Fresnel, *Journ. asiat.*, 1850, t. XVI, p. 279.

̷. + ΓЄ + PC + Є + M (Gersem). Buste diadémé tourné à droite, entre deux épis. — Or. (Pl. II, n° 4.)

Rüppell, *Reise in Abyss.*, pl. VIII, n° 7.

Collection de la ville de Francfort.

Suivant M. Rüppell, le roi Gersem figure dans les listes sous le nom d'Ela Samara (an 603-614).

Je n'ai pour ma part aucune observation à faire sur ce point.

Je me permettrai seulement de faire remarquer que la monnaie offre une singulière analogie de style avec les tiers de sou d'or des rois goths d'Espagne au vie et au viie siècles. Les monnaies des Goths circulaient dans l'extrême Afrique occidentale; mais il est difficile de croire qu'elles soient arrivées jusqu'en Abyssinie, à une époque où le pèlerinage musulman n'existait pas encore. D'ailleurs la ressemblance que je signale réside dans le style et non dans le type.

Je donne un dessin de la monnaie d'après une empreinte que je dois à l'obligeance de M. le bibliothécaire de Francfort. La figure publiée précédemment laisse à désirer.

N° 5. መሐየገሰኝ (?) ኝገሠ አከሰመ. Buste royal tourné à droite; la tête ceinte d'une tiare ovoïdale ornée d'un fleuron sur le devant; ce buste est entouré par deux épis recourbés.

̷. ✝ መወአበመገወለሠመ‖ (?). Croix dans un grènetis. — Cuivre. (Pl. II, n° 5.)

Collection de M. Guillaume Lejean.

C'est la première monnaie à légende ghez que nous connaissions. J'y lis distinctement les mots *Negusa Aksum* (roi de Aksum), exactement comme dans la grande inscription publiée par M. le Dr Rüppell (*Reise*, pl. V). Quant au premier groupe de la légende qui pourrait contenir le nom du roi, je m'abstiens de le commenter, de même que la légende du revers en assez mauvais état. Cela est du domaine de M. d'Abbadie.

L'un des deux bustes a disparu de la monnaie pour faire place à une croix, suivant la coutume qui a régné dans tout le monde chrétien. Il me semble que le centre de la croix a été doré ; c'est là un détail singulier qu'offrent du moins d'une manière beaucoup plus certaine six des monnaies rapportées par M. d'Abbadie, présentant les types qui sont reproduits dans notre planche III (nᵒˢ 4, 6, 7, 9).

Ce précieux petit bronze fait partie du lot que notre consul M. Lejean « acheta, au mois de juin 1864, d'un paysan tigréen qui, autant qu'il puisse s'en souvenir, était de l'Ida-Mariam (canton d'Aksum). »

Malheureusement la pièce n'est pas très-bien conservée, le revers est fortement oxydé, et nous n'en avons qu'un seul exemplaire, car on ne peut rien tirer du dessin que M. von Heuglin a donné d'après une monnaie que nous croyons semblable.

Le même voyageur a trouvé un fort précieux petit bronze qui doit être mentionné ici. Il offre une analogie très-marquée avec la pièce appartenant à M. d'Abbadie, gravée sous le nᵒ 1 de notre pl. III. On voit dans le dessin publié en Allemagne, autour d'une tête, + ΟΥΑΖΗΒΑϹ ΒΑϹΙΑΕΥϹ ; au revers, autour d'une seconde tête : + ΓΟΥΤΟΑΡϹΕΗΤΗΧШΡΑ, légende qui va trouver son interprétation. Quant au nom du roi, les philologues pourront le discuter.

Nᵒ 6. **ΒΑϹΙΑΕΥϹ**. Buste royal, la tête ceinte d'une tiare ovoïdale, tourné à droite, dans un double cercle.

℞. **ΤΟΥΤΟ ΑΡΕϹΗ ΤΗ ΧШΡΑ**. Croix pattée dans un cercle. — Cuivre. (Pl. II, nᵒ 6.).

Collection de M. G. Lejean.

Ici pas de nom du roi; le titre seulement. Au revers, une légende assez altérée par le temps, mais que je lis sûrement en combinant la monnaie rapportée par M. Lejean avec plusieurs de celles que possède M. d'Abbadie (voy. pl. III, nᵒˢ 1 à 5). La plus ancienne entre ces dernières offre une petite croix au commencement de la légende, ce qui détermine parfaitement le point où il faut établir la coupure; en sorte que, à l'exception d'un H remplaçant la diphthongue EI, par iotacisme (une des fautes les plus communes dans les manuscrits et les inscriptions des bas temps), la phrase est très-correcte. Τοῦτο ἀρέσει τῇ χώρᾳ, *cela plaira* ou *conviendra au pays*, me paraît s'appliquer en même temps à la croix et à la monnaie. Quelque missionnaire d'Alexandrie aura fourni cette espèce de devise de bon augure et pieuse tout à la fois, et elle s'est perpétuée assez longtemps. Des altérations se glissent dans l'écriture; **TOTYO** pour **TOYTO**, puis **AΓƆƆH** pour **APEⅬH** (voy. pl. III, nᵒˢ 4 et 5), nous montrent que l'érudition hellénique des graveurs éthiopiens n'était pas très-solide. Ceux qui voudront en avoir une idée plus complète feront bien de relire l'excellent mémoire de Letronne, relatif à l'usage de la langue grecque en Nubie et en Abyssinie [1].

Nᵒ 7. **ንጉሠ አረመሕ** (*Negus Armah*). Le roi vêtu d'une tunique, la tête ceinte d'une couronne élevée, assis sur un trône, tourné à droite, tenant un sceptre surmonté d'une croix.

℞. **ለእሕዘበፈሠሐለየኪን**. Croix longue, posée sur un globe entre deux épis ou palmes. — Cuivre. (Pl. II, nᵒ 7.)

Rüppell, *Reise*, pl. VIII, nᵒ 8. Collection de M. G. Lejean.

---

[1] Mémoire cité, p. 128.

M. Rüppell a publié un exemplaire de cette monnaie d'après un dessin très-incorrect fait à Alexandrie, chez M. Anastasi. Suivant le savant naturaliste, le roi Armah a régné à Aksum de 644 à 658 de notre ère. M. d'Abbadie fait commencer ce règne vers 630. Armah était donc contemporain, soit de l'empereur Héraclius et de Mahomet, soit de Constant II et du khalife Othman. Or la monnaie d'Héraclius, d'Héraclius-Constantin, de Constant II et de Justinien II offre une croix sur un globe entre deux palmes. C'est aussi le temps où les empereurs sont représentés sur la monnaie byzantine, tenant un long sceptre surmonté d'une croix.

Je n'entreprendrai pas de parler de la légende ghez du revers. La phrase grecque inscrite sur les petits bronzes un peu plus anciens nous donne l'idée de ce que peut offrir une monnaie éthiopienne de cette époque, et je m'en rapporte à la sagacité de M. d'Abbadie.

N° 8. Fragment d'une monnaie semblable à la précédente. La croix du revers est plus courte.

On trouvera (pl. III, n° 8) le dessin habilement exécuté que M. d'Abbadie avait eu le soin de rapporter d'Alexandrie avant la dispersion de la collection Anastasi. On pourra donc comparer ici cinq des exemplaires connus de la monnaie d'Armah, et constater les variantes de forme qu'offrent les mêmes caractères. Un sixième exemplaire de la collection de M. d'Abbadie présente sur quelques points une belle patine brillante; mais il est trop chargé de croûtes d'oxyde pour être dessiné actuellement. Un septième a été recueilli par M. von Heuglin qui n'en a pas publié le dessin.

N° 9. שׁרֹל (Negus). Tête du roi ceinte d'une couronne, tournée à droite. Dans le champ, deux petites croix.

℞. Croix cantonnée de quatre lettres ghez. — Cuivre. (Pl. II, n° 9.)

Collection de M. G. Lejean.

Les bras de la croix étant parfaitement égaux on ne peut déterminer l'ordre dans lequel les quatre caractères doivent être lus que lorsqu'on a une donnée claire sur leur sens. Ainsi, par exemple, si ces caractères expriment le nom du roi, ils pourraient être lus peut-être de trois manières différentes; ceci n'est qu'une indication. Mais il est possible qu'ils aient une tout autre signification, puisque nous avons des pièces qui offrent le titre βασιλεύς sans nom propre. Cela regarde les philologues spéciaux. Je rappellerai seulement que l'habitude de répartir entre les bras d'une croix les lettres qui forment un nom, est attestée par la croix cantonnée des quatre caractères du nom de Jésus qui s'inscrivait en tête des missives abyssiniennes [1].

Cette tête longue qu'accompagne le titre *negus* ressemble considérablement pour le style à celle du roi Armah; mais la couronne avec croix s'éloigne un peu plus du type des monnaies d'or. Nous voyons donc ici un negus postérieur à Armah et appartenant aussi au viie siècle.

Nᵒˢ 10, 11, 12. 𐩿 𐩿 (*Negus Hataz* [2]). Buste du roi Hataz posé de face, la tête ceinte d'une couronne ornée de fleurons, tenant de la main droite une croix placée devant la poitrine; dans le champ, groupe de trois points (nᵒˢ 10 et 12), et une croisette (n° 11).

℞. Croix dans un entourage quadrilatère dont les angles

---

[1] Iobi Ludolfi alias Leutholf dicti *ad suam Hist. æthiop. antehac edit. comment.*, Francfort, 1691, p. 224.

[2] Lecture provisoire, bien entendu, puisque je ne sais quelles voyelles doivent être attachées aux trois consonnes dont le nom se compose.

2

portent à leur sommet chacun une croix. Légende ghez composée de huit caractères, dont les cinq premiers sont semblables aux cinq premières lettres de la légende tracée au revers des monnaies d'Armah (n° 7). — Cuivre. (Pl. II, n°ˢ 10, 11, 12.)

Les n°ˢ 11 et 12 de la collection de M. Lejean.

Le roi Hataz, dont le nom et le titre sont clairement inscrits au droit de ces monnaies, est certainement le plus récent de tous les princes éthiopiens dont il nous a été jusqu'à présent permis de voir le numéraire. Ces pièces sont frappées sur un flan mince que l'on peut comparer à celui de nos deniers du moyen âge, et ne présentent plus qu'un rapport éloigné avec les belles monnaies d'or si finement gravées que nous avons placées en tête de la série.

Le roi Hataz tient sa croix devant lui de même qu'Armah. C'est que le prince éthiopien a un caractère sacerdotal, presque pontifical, et qu'il doit porter les insignes qui, dans l'Église d'Abyssinie, caractérisent les prêtres.

M. von Heuglin possédait aussi un exemplaire en mauvais état du petit bronze que je viens de décrire ; mais il ne l'a pas classé.

On voit combien peu nous sommes avancés en ce qui concerne la numismatique de l'Éthiopie ; on pourra même m'accuser d'avoir fait rétrograder cette branche de la science en soulevant certaines objections contre des faits qui avaient été énoncés d'une manière séduisante. Il était pourtant nécessaire de montrer ce qu'un antiquaire sans parti pris a pu retirer de l'examen des monuments et de la lecture des travaux qu'ils ont inspirés. Mes observations prudentes deviendront le point de départ de recherches nouvelles, grâce auxquelles les philologues feront naître des lumières définitives. Lorsqu'on envisage d'une manière tout à fait extérieure, comme je l'ai fait, les monnaies des nagast aksumites, on ne peut s'empêcher de penser à ces paroles de Heeren : « Après les Égyptiens, sans contredit, ce sont les Éthiopiens qui, en Afrique, méritent le plus d'attention. Depuis les temps les plus reculés jusqu'à nos jours, c'est une des nations les plus célèbres, mais aussi des plus énigmatiques, dont le nom brille déjà dans les premières traditions des peuples civilisés. »

Adr. de Longpérier.

Nota. L'Imprimerie impériale ne possédant pas de caractères éthiopiens antiques, j'ai fait usage de la première forme du caractère ghez qui, comme on le sait, en a sept, exprimant les différentes voyelles qui s'attachent à chaque lettre.

OBSERVATIONS

SUR LES MONNAIES ÉTHIOPIENNES.

Si les rois de la terre veulent se mettre à l'abri de l'ingratitude des historiens et de l'oubli de la postérité, ils frapperont beaucoup de monnaies. Cette vérité numismatique est bien prouvée par notre recueil de pièces éthiopiennes, où sur une douzaine de rois un seul est mentionné sûrement dans les annales ou listes indigènes.

Ces annales sont des plus maigres. Avant 'Amda Ziyon, qui monta sur le trône au commencement du XIVᵉ siècle, les manuscrits indigènes se bornent, sauf de rares exceptions, à mentionner le nom de chaque roi et tout au plus la durée de son règne. Ces durées mêmes ne rentrent pas toujours dans les limites des probabilités, si nous acceptons quelques synchronismes sur lesquels tous les manuscrits sont d'accord. Ainsi ils sont unanimes à dire que Jésus-Christ naquit dans la huitième année du règne de Bazen ou Bi-isi Bazen, et que le christianisme fut apporté à Aksum sous Abirha et Azbiha, deux frères qui régnaient ensemble. Cet événement eut lieu au commencement du IVᵉ siècle, et comme la tradition seule ne permet guère de remonter avec certitude trois siècles en arrière pour chercher quel roi régnait à Aksum au commencement de notre ère, on doit croire qu'il existait encore au IVᵉ siècle des annales indigènes qui sont perdues aujourd'hui. Il est, en effet, évident qu'avant de connaître le christianisme, les historiens indigènes ne pouvaient songer à établir quel était le roi régnant chez eux à l'aurore de l'ère chrétienne.

Entre les deux synchronismes que nous venons de mentionner, et qui sont fournis par les manuscrits éthiopiens ces listes mettent trente-deux rois.

Si l'on additionne leurs règnes, on trouve qu'en admettant comme vraie l'époque indiquée pour le règne de Bazen, les deux rois frères précités seraient montés sur le trône en l'année 381 ou 416. Or ces dates ne s'accordent pas avec les données ecclésiastiques admises par Baronius, qui fixe l'année 327 pour l'entrée en Éthiopie de saint Frumence, nommé Freminatos dans les textes gi'iz, et qui introduisit le christianisme à Aksum.

Un troisième synchronisme est fourni par un roi resté célèbre dans les vieilles annales de notre Église comme dans celles de l'Éthiopie. Celle-ci le nomme Kaleb. Il traversa la mer Rouge, s'empara de la ville de Nagran en Arabie et mourut après avoir fait ses vœux comme moine. Cette même réunion de faits si saillants est attribuée par nos chroniqueurs d'Europe à un roi des Aksumites nommé Eleesbaa, qui doit être identique avec Kaleb. Or deux des listes publiées par M. Dillmann [1] mettent Kaleb à la place de *Ila Azbiha*, nom que bien des Français seraient tentés d'écrire Eleesbaa, en se guidant seulement par l'oreille. La prise de Nagran eut lieu en 523, et le successeur de Kaleb, nommé Hellesthæus par les Européens, régnait en 531. Il ne reste donc qu'une incertitude de huit ans sur l'époque exacte de l'abdication de Kaleb.

---

[1] *Zeitschrift der d. morgenl. Gesellsch.*, 1853, p. 346.

Admettant qu'elle eut lieu en 530, et ajoutant cent trente-
six années et demie d'après le manuscrit cité par M. Dillmann, ou cent trente-quatre ans et trois quarts d'après
le mien, on aurait l'année 666 ou 664 pour l'avénement du
roi Armah ou Armaha. Si, au contraire, on remonte plus
loin, en admettant, selon les textes éthiopiens, que la ve-
nue de saint Frumence à Aksum eut lieu dans la treizième
année du règne des frères Abirha et Azbiha, on aura res-
pectivement 531 et 528 pour l'avénement de Armah. Cette
époque sera 634 ou 595 si l'on part du roi Bazen, toujours
en admettant les durées de règnes indiquées par les textes
gi'iz connus jusqu'ici. En comparant les dates extrêmes,
on voit donc qu'il plane encore un siècle et tiers d'incertitude sur l'époque du seul souverain dont le nom lu sur
des monnaies se retrouve exactement dans les listes indigènes des rois.

Nous possédons plus de douze de ces listes. Elles se di-
visent en deux systèmes. Le premier donne seul les durées
des règnes, ce qui fait présumer avec M. Dillmann que ce
système de noms est le plus authentique. Ces noms sont
en général uniques, ou s'ils se composent de deux mots,
le premier de ces mots est *Ila*, qui paraît pour la première
fois au onzième successeur de Bazen pour finir au prédécesseur de Armaha. De ces quarante-cinq rois, dix seulement ont été cités sans cette particule qui signifie, mais
au pluriel, *de* ou *qui*. C'est comme si l'on disait par hon-
neur (*gestes* ou *ministres*) de tel ou tel (roi). Même dans
notre siècle de lumière, bien des Français croient agrandir
l'importance d'un nom propre en lui adjoignant une particule.

Le second système de listes offre plus de variantes dans
les divers manuscrits, et souvent un moins grand nombre

de rois. Les durées des règnes ne sont pas indiquées, excepté pour le roi Ayzur, qui régna la moitié d'un jour et Widim asfare (qui fait trembler les ermes) doté d'un règne, évidemment fabuleux, de cent cinquante ans. La plupart des noms de rois dans ce système se composent de deux mots dont quelques-uns se laissent traduire, comme Jan (éléphant), Widim, pluriel awga de widmi (lieu déserté). Ordinairement ces noms diffèrent entièrement de ceux du premier système, bien que dans plusieurs cas il s'agisse évidemment des mêmes rois. M. Dillmann, qui le premier a comparé et publié dix de ces listes, distingue peut être avec raison un troisième système moins bien défini que les deux premiers.

Des chroniques, si maigres qu'elles se bornent ordinairement à donner les noms des rois, sont d'un secours bien faible pour pénétrer dans la nuit de temps aussi reculés. Celui qui veut s'y orienter est surtout embarrassé par la grande divergence des noms. Cette source très-grave de confusion provient, je crois, d'un usage indigène qui prévaut encore aujourd'hui. Tout Éthiopien a généralement trois noms : la désignation régulière qui, depuis l'introduction du christianisme, est le nom de baptême; le nom de mère, ou nom donné par la mère, et enfin le nom de guerre.

Si le combattant est infime, ce dernier nom est celui que le roi ou la tribu s'est imposé; mais tout guerrier de quelque prétention se désigne exclusivement par un nom de son propre choix quand il prononce le discours vantard par lequel il prélude toujours, comme un héros d'Homère, à l'exécution de ses hauts faits. C'est ainsi que les Bilen se nomment Boas gor (fils de Boas), d'où leurs voisins les connaissent sous le nom de Bogos, et que les Oromo s'appellent ylma Galla, ou fils de Galla, ce dernier nom étant exclusivement appliqué non-seulement par tous les autres Éthiopiens, mais même par nos géographes, à de nombreuses tribus célèbres dans toute l'Afrique orientale. Le nom maternel est souvent employé de préférence d'après une idée superstitieuse que son usage exclusif met à l'abri des sortiléges; mais souvent aussi un chef est désigné indifféremment par l'un de ses trois noms, sans que les naïfs chroniqueurs aient songé à transmettre à la postérité cette synonymie indispensable pour identifier leurs rois et leurs héros.

Ces explications préliminaires amènent à croire que si le nom d'un roi lu sur une médaille ne se trouve dans aucune des listes historiques, il ne s'ensuit pas nécessairement que ce même roi n'y est pas mentionné sous un nom tout différent.

Dans les notes et hypothèses qui vont suivre, j'ai seulement la prétention de déblayer un peu des ruines historiques encore inexplorées et de provoquer les recherches des érudits pour signaler comme jalons des synchronismes qui me seront restés inconnus, comme aussi celles des savants qui proposeront des explications plus vraisemblables ou mieux étayées que les miennes. Avant d'entamer ce travail, il est bon de préciser autant que possible les langues jadis parlées à Aksum.

Selon la tradition indigène, l'Éthiopie fut d'abord habitée par les *Kamta* (au singulier *Kamra*), qui parlent une langue désignée par eux-mêmes sous le nom de *Kamtiga*, c'est-à-dire « langue de *Kam*. » Les idiomes Awga, Bilen, *Huarasa* et Qimantnay, dont j'ai fait aussi des vocabulaires, tiennent évidemment à ce même groupe que j'appelle *Kamitique*. La langue Amariñña sert de transition pour arriver au groupe sémitique représenté en Éthiopie

par la langue gi‘iz ou celle des manuscrits, à peu près
morte aujourd'hui, par la langue Tigre et enfin par le Tigray, qui est de nos jours la seule langue parlée à Aksum et
dans ses environs. On peut supposer que le flot de l'invasion
sémitique, après s'être brisé sur les terrasses du Tigray ac-
tuel et avoir refoulé les Bilen vers le Nord comme les *Kamta*
vers le Sud, s'assimila lentement la population antérieure
de *K*amites. La puissante influence de la conquête sémitique aura effacé peu à peu dans Aksum l'antique idiome
des *K*amites. En Éthiopie même, j'ai été amené à cette con-
clusion en remarquant que les noms des premiers rois n'ont
pas la physionomie sémitique et que quelques-uns de ces
noms sont encore usités, à ce qu'on m'a dit, par les races
qui parlent encore aujourd'hui des langues *K*amitiques.
Cette hypothèse n'est pas détruite par nos premiers pas
dans la numismatique éthiopienne.

Privé de guide historique pour des rois qui manquent
dans nos si maigres listes, et sachant combien l'immense
habitude de M. de Longpérier lui permet de classer sûrement des médailles par cette science et ce tact de connais-
seur dont les numismatistes de profession peuvent seuls
apprécier toute la valeur, je m'empresse de suivre l'ordre
qu'il assigne aux trente-quatre médailles aksumites, les
seules qui nous soient connues jusqu'à présent.

Pl. II, 1. Aphilas doit être un nom d'origine *K*amitique.
En 1840, le chef de Gundat, gros village du Sarawe, se
nommait Akilas ou Aqilas, je ne sais lequel, car je n'ai pas
retrouvé ce nom dans mes notes. Comme le Φ grec se prononce *q* en gi‘iz, on peut supposer une substitution de
lettre si l'on veut retrouver ce nom de roi parmi les noms
maternels en usage actuellement.

Le revers de cette médaille présente au génitif un terme

ethnique bien connu, mais grec, et gouverné par un mot
de cinq syllabes. M. de Longpérier y voit, avec beaucoup
de probabilité, un nom de fonction trop vulgaire en ces
temps reculés et trop bien défini par l'usage pour se lais-
ser traduire. Or un nom de fonction doit avoir un sens dans
la langue qui l'a produit, et ce sens est possible en
Awga ou en *Kamtiga*. Là, en effet, « bisi » signifie le beau
temps, et « dimar » désigne la place du village comme
aussi *forum* ou assemblée municipale. Le changement du
r en *l* est fréquent, et dans la langue Amariñña, on va
jusqu'à faire rimer *ar* avec *al* dans les chansons contempo-
raines. Dans mon hypothèse, BICIΔIMHΛH signifierait donc
assemblée du beau temps ou *parlement solennel*. Les Éthiopiens qui aiment tant les réunions publiques encore aujour-
d'hui, ont dû tenir jadis à ce fruit de leur constitution séculaire. C'était une sorte de sénat Aksumitain, car les
assemblées tenues sous la menace du mauvais temps ne
pouvaient durer longtemps ni s'occuper de grandes affaires.

Tous ces rapprochements ne rendent pas compte du H
médian représenté par un *a* dans le mot « dimar, » mais il
vaut mieux énoncer une explication conjecturale, même
imparfaite, et parce qu'elle peut mettre de plus savants sur
la vraie voie, et parce qu'une hypothèse erronée a du moins
le grand avantage d'exciter cette ardeur de critique si
commune de nos jours et qui ne s'apaise que lorsqu'on est
enfin parvenu à démontrer la vérité dans tous ses détails.

Je ne sais d'après quels fondements on a voulu assimiler
Aphilas, lu Aphidas à tort, avec *Ila* 'Amida. Les listes indiquent trois rois de ce nom, tous trois postérieurs à l'introduction du christianisme en Éthiopie. Or aucun emblème
de cette monnaie ne fait présumer que le roi Aphilas fût
chrétien.

L'anneau de flots que M. de Longpérier m'a fait remarquer sur cette médaille implique l'idée d'une rivière ou d'une eau notable à Aksum. J'explique ce symbole par le nom même de cette ville antique. Elle est située entre les monts Zohodo et Liqanos; au pied de ce dernier est une mare, beaucoup plus grande jadis à en croire la tradition, et où les pauvres vont s'abreuver. Les riches font usage des seuls puits profonds et régulièrement construits que j'aie vus en Éthiopie. Il n'est donc pas étonnant qu'on ait appelé ce lieu Aku*i*sum, car c'est ainsi qu'on le prononce aujourd'hui en T*i*gray et plus d'un manuscrit a conservé cette orthographe. En effet, le *vase à l'eau* se dirait en *K*am*t*iga « a*k*uisim » tout comme on dit « legsim » pour le vase où l'on trait le lait, et le son que je rends par *k* n'a pas de représentant dans le syllabaire gi'iz, qui l'aura rendu par un k. Les *K*amites de l'Éthiopie ont, même de nos jours, des idées superstitieuses et presque un culte pour les eaux et surtout pour les sources et lacs souterrains : il serait donc naturel de faire allusion à ces idées sur une monnaie que j'attribue à un roi *k*amite et païen.

N° 3. Le τοτυο pour τοῦτο nous autorisant pleinement à affirmer que les monnayeurs de Aksum ne savaient pas le grec, je suppose que BACCIN a été mis pour βασι(λευς) et que le roi s'appelait Ba*k*asa, nom à physionomie *k*amitique et pour lequel on pourrait proposer un sens tiré de la langue Aw*g*a où ce mot existe comme adjectif. En effet le son *k*, qui se rapproche du *ch* allemand, abonde dans les langues kamitiques et a dû se traduire naturellement par un χ grec.

Le revers de cette médaille nous encourage à recourir aux mêmes idiomes pour trouver un sens probable. Je ne puis lire autrement que « Jana af, » ou *éléphant qui souffle*, c'est-à-dire qui se prépare à la charge, expression très-convenable pour désigner un guerrier royal qui va fondre sur ses ennemis. Le terme « Jana » pour désigner l'éléphant se retrouve sans changement dans les cinq langues *ħamitiques* dont j'ai fait des vocabulaires et s'emploie encore aujourd'hui sous la forme de « Jan » en s'adressant au souverain de la même manière que nous usons en français du terme *sire*. Dans une des listes de rois, le successeur de Arma*ħa* est nommé Di*g*na Jan, et plus loin on trouve le roi Jan si*y*um, ce qui prouve que dans ces siècles reculés les rois éthiopiens aimaient, comme aujourd'hui, à s'entendre appeler des éléphants. Si mon interprétation est bonne, l'autre moitié de cette même légende confirmerait le sens que je suppose, car il faudrait traduire « si*v* nama,» c'est-à-dire *prælio dictus*, ou plus exactement : *quand il s'agit de guerre*. Le mot « si*v* » se présente en *ħamtiga*, en awga et en bilen, toujours avec la même signification. Je ne trouve qu'en awga le mot « nama », avec deux voyelles brèves. Me sera-t-il permis de supposer que la première a été omise, à dessein ou autrement, et que la seconde aura sonné comme un *e*, ainsi que cela arrive aujourd'hui en tigre pour l'*a* bref? Si toutes mes hypothèses à cet égard sont légitimes, l'ensemble des deux légendes veut dire : le roi Ba*ħ*asa, dont le nom de guerre est Jana *af*.

N° 4. Il serait facile de proposer en *ħamtiga* un sens probable pour Gersem considéré comme nom d'homme ; mais on préférera y voir, avec le R. P. Boré, גרשם (*Exode*, II, 22). M. de Longpérier cite, avec plus de probabilité, le mot arabe جرشم, «garsam» (*convaluit post morbum*). On se prend à penser que ce roi, devenu sans doute plus fort que ses devanciers, ne faisait plus cas du parlement.

Pl. II. N° 5. Dans l'ordre que nous avons adopté, cette monnaie est la première qui porte le caractère gi'iz, que

les Éthiopiens ont modifié en partant de celui des Himyarites. Sans avoir inventé les marques de ponctuation pour
détacher les phrases, ce peuple antique a néanmoins sé-
paré les mots par des traits verticaux que nous retrouvons
dans le monument de Halena[1] et qui sont devenus les
deux points de l'écriture actuelle. On peut donc supposer
que l'usage de circonscrire les mots n'a jamais cessé à Aksum dans l'écriture ordinaire, et cependant aucune monnaie n'a la moindre trace d'une précaution connue dès une
haute antiquité et si utile pour définir le sens de légendes
d'autant plus obscures qu'elles sont plus courtes. Mais la
raison inconnue de cette suppression semble exister encore
de nos jours, car le cachet du défunt roi Théodore n'avait
aucun signe pour séparer les mots de sa courte inscription.

Ce n'est pas tout : les Himyarites, comme tous les
Sémites, n'ont pas senti le besoin d'indiquer les voyelles
qui sont toujours très-brèves, et qu'on peut indifféremment prononcer *a*, *i* ou même *u*, sans que la signification
du mot éprouve d'autre inconvénient qu'une incertitude
minime et momentanée. Au contraire, et comme dans
toutes nos langues d'Europe, les idiomes *k*amitiques don-
nent une grande importance aux voyelles qui s'allongent
souvent et dont la connaissance est nécessaire pour arriver à un sens exact. C'est probablement une influence
*k*amitique qui a ajouté à l'alphabet gi'iz ses sept voyelles
actuelles, et on en trouve plusieurs dans le monument
précité, bien qu'il soit probablement antérieur à la plupart des monnaies connues de cette capitale. Néanmoins
les monnayeurs de Aksum ont dédaigné l'usage des voyelles
comme celui du trait de séparation. Pour comble de

---

[1] La grande inscription de Aksum, Rüppell, *Reise*, pl. V, n° 1.

confusion, leurs légendes sont circulaires, et l'on est souvent incertain sur leur commencement et leur fin. Ainsi toutes les interprétations qui vont suivre sont données à titre de simples conjectures.

La pièce nᵒ 5 porte d'un côté « Mhygsn, roi de Aksum. » Le *m* initial fait songer à un nom verbal formé selon l'usage sémitique, et le *n* final serait alors un pronom personnel. Toutefois il faudrait pour cela une racine quadrilatérale *haygasa*. En tigre, on trouve bien la racine ተ)ሐገሸ, *s'écroula;* mais pour mon explication on devrait avoir ሐገሸ ou ሐገሰ, et rien n'autorise à supposer ces dernières formes. Quoiqu'il en soit, je n'ai pas d'étymologie *k*amitique à proposer pour le nom de ce roi.

Je lis ainsi la légende du revers : መወእ (écrit aujourd'hui ሞእ) በምግዋል ፡ ሰመዝ ፡ c'est-à-dire a vaincu *dans le pourtour de Samaz,* car je prends ce dernier mot pour un nom de lieu. Dans la province de 'Agame, il existe un village nommé Samaz qui peut avoir été assez important jadis pour que sa conquête ait été proclamée par une médaille. Dans mon hypothèse, je suis obligé de supposer une racine, ገወል , aujourd'hui perdue, mais dont le mot connu, ገል, *caverne, parc à bestiaux,* serait un dérivé.

Pl. III, nᵒ 1. Le droit de cette monnaie est fortement oxydé. Cependant le titre royal et la terminaison **AC** du nom propre s'y voient avec certitude. Je n'aurais osé rien dire de plus, si la comparaison de cette pièce avec un dessin sommaire publié par un voyageur allemand ne m'avait apporté quelque lumière.

Grâce à une indication donnée fort à propos par M. Lejean à M. de Longpérier, j'ai eu connaissance dans la *Zeitschrift*, etc., de 1863, vol. XVII, de quatre autres monnaies aksumites.

L'une de ces pièces ressemble à mes Asael. Une autre, du roi Hataz, porte une légende qu'on pourrait restituer ainsi : ለእሕዛብ ። ሥዐል, *fait pour le peuple*. La troisième monnaie est très-voisine du n° 1 de M. Lejean et porte les mêmes légendes, autant qu'il est possible de voir.

La quatrième pièce révèle le nom d'un roi nouveau qu'on pourrait lire Thylzebas, à la rigueur. Ce mot est trop long

pour être de formation sémitique. Pour en attribuer l'origine aux Kamites, je remarque d'abord qu'ils ne connaissent pas le son du *théta* grec ; il vaut donc mieux commencer le mot par *Ou*, lecture très-possible et correspondant au *W* des Anglais. La lettre Λ pouvant bien être lue *A*, selon M. de Longpériér, je préfère cette dernière leçon, et j'obtiens *Wazebas*. Or la lettre *s* est une suffixe *kamtiga* qui signifie *de* ou *par*, et « wizava » est, dans le même idiome, le nom du sycomore, sorte d'arbre très-gros. Les Oromo adorent aujourd'hui les gros arbres et leur font des vœux ; il serait donc naturel que les Kamites en eussent fait autant jadis, et qu'on ait donné le nom de l'arbre ou du génie réputé à l'enfant dont la naissance lui aurait été demandée. En awga, *wazi* signifie *lundi*, et pourrait être primitivement un nom de dieu. En tout cas, je crois avoir montré que le mot *Wazebas* peut être tenu pour *kami*-tique. Il manque d'ailleurs dans toutes les listes, car on ne saurait l'identifier avec *Wazha* qui y figure comme neuvième prédécesseur de Bazen, et qui, par conséquent, serait beaucoup trop ancien.

La légende grecque de cette monnaie la rapproche de

celles qui sont antérieures au christianisme : ce serait donc jusqu'ici une des plus anciennes pièces de cuivre connues parmi les médailles de Aksum. Or, en comparant la figure que je reproduis dans toute sa naïveté avec la pièce n° 1 de notre pl. III, on arrive à reconnaître l'identité des légendes.

Les n°ˢ 2 et 3 de la même planche ne demandent aucune explication. Je ferai seulement la remarque que les monnayeurs de Aksum sont revenus ici aux lettres et légendes grecques.

Pl. III, n° 4. Le caractère est encore grec. Asael ne se trouve pas dans les listes indigènes. Le nom Esahel de la liste de M. Rüppel correspond, dans mon manuscrit gi'iz, à *Ila* Sahil aussi bien qu'à *Ila* Suhal qui auraient occupé le trône, le premier deux mois et le second un an. Des *Kamites* peuvent seuls avoir corrompu 'Asah-el de manière à en faire Sahil ou Suhal. En tout cas, ce nom, d'origine hébraïque, appuie l'assertion des chroniques éthiopiennes que les rois de Aksum professaient la religion juive avant l'introduction du christianisme. Saint Frumence avait déjà prêché dans cette ville au moins vingt ans auparavant ; mais l'habitude des noms d'hommes, qui se transmettent de père en fils, ne pouvait être changée qu'à la longue, et notre roi, évidemment chrétien, pouvait être un juif converti. On serait ainsi tenté de voir dans cet Asael le premier des trois rois nommés *Ila Sahil* qui monta sur le trône dix-huit ans après la mort d'Abirha. Le dernier *Ila* Sahil vint, d'après mes listes, un siècle plus tard.

Le revers de cette pièce montre avec quelle insouciance on copiait une légende déjà familière, au moins pour les yeux, et ma pièce n° 5 fait voir que des graveurs ignares étaient capables non-seulement de transposer des lettres, mais encore même de les retourner. C'est du moins ce qu'on est forcé d'admettre d'après la légende qui commence et finit de la même manière dans mes neuf exemplaires compris sous les numéros précédents. De nos jours, les scribes éthiopiens sont d'une rare négligence, car j'en ai vu plus d'un, très au fait de l'usage de la ponctuation, mais qui après avoir achevé de transcrire une page, changeait de plume pour tracer en rouge des virgules et même des points, non d'après le sens du texte, mais selon des idées de décoration dont son âme d'artiste prétendait être le seul juge. La morale de tout ceci, c'est qu'en fait de transcriptions les Éthiopiens n'ont guère progressé ni dégénéré depuis le ve siècle, et, ce qui est plus grave, que les monnaies aksumites ne sont pas des guides infaillibles pour corriger et agrandir nos faibles données sur l'histoire, encore si obscure, de ces contrées lointaines. On peut, en effet, craindre des erreurs de transcription dans ces noms de rois, presque tous si nouveaux pour ceux qui ont étudié les traditions et même les annales indigènes.

Pl. III, n° 8. Le roi Armah ou Armaha est dans toutes les listes. Au revers de cette pièce, la première et la neuvième lettre sont les mêmes; la cinquième a une tête bien plus carrée. Après plusieurs essais, où le sens se modifie légèrement selon les voyelles qu'on suppose, je préfère transcrire ለአሕዛብ ፡ ፍሥሐ ፡ ለይኩን (*populo gaudium sit*), *que le peuple se réjouisse*. En effet, ce texte reproduit avec une nuance les légendes grecques de nos numéros précédents. Le nom Armahi est sémitique et signifierait *celui qui fait lancer* (le javelot).

C'est ici que doit se placer la pièce n° 9 de la Pl. II. Dans la très-maigre légende, une des quatre lettres ayant la même forme que le caractère qui est répété dans la mon-

naie du roi Armah, je lis L, et par suite እለ ፡ እየ, *Ila* Ay.
Ce serait encore le nom d'un roi inconnu. Les listes n'ont que
እለ ፡ እየስ, qui régna dix-sept ans, et እለ ፡ እየጎ, qui oc-
cupa le trône pendant dix-huit ans; mais tous deux ont
vécu avant Abirha et n'étaient donc pas chrétiens.

Pl. III, n° 8. La fin de la légende est très-fruste. En
m'aidant surtout de ce que M. de Longpérier croit voir, je
suis tenté de lire ለእሐዘብ ፡ ሀቦለየ, *qui a pensé au peuple;*
mais ceci est une simple hypothèse.

Le revers de cette monnaie donnait le nom du roi dont
je ne puis lire que les trois dernières lettres : zwz. Les listes
ne contiennent ces trois finales que dans Zaweza, le dix-
septième successeur de Bazen, et qui aurait commencé son
règne en 239, si l'on compte à partir de ce roi. Mais l'É-
vangile n'avait pas encore été proclamé en Éthiopie, et la
monnaie qui nous occupe est d'un auteur chrétien. Je préfère donc voir ici le nom d'un roi encore innommé.

Pl. II, nᵒˢ 10, 11, 12 et Pl. III, nᵒˢ 10, 11, 12 et 13.
Je lis *Hataz* pour le nom du roi en donnant, faute de
mieux, aux deux premières consonnes cet *a* bref qu'on
suppose dans l'écriture des Himyarites, où les voyelles ne
sont point indiquées. Je n'en ajoute point au *z* final, parce
que les listes offrent un seul nom finissant en *za* contre cinq
ou six qui se terminent par *z* sans voyelle. Après Armah et
jusqu'à Dilna'ad, dernier roi qui ait régné dans Aksum, il
n'y a que trois à cinq souverains indiqués dans les listes,
et tous leurs noms sont ou chrétiens ou composés de ces
deux mots qui indiquent un nom assumé pour le royaume,
ce dernier genre de nom étant analogue au nom de guerre
s'il ne lui est pas identique. *Hataz* serait donc un nom maternel; il est trilitéral et semble ainsi d'origine sémitique.
Sur le n° 11 de la pl. III, on peut lire ainsi la légende du

revers : **ለአሕዛብ ፡ ሥዑል** , *représenté* (ou *frappé*) *pour le peuple.*

La numismatique éthiopienne est encore dans l'enfance; j'ai hésité pendant vingt ans à en soulever les langes, et en cédant enfin aux bienveillantes instances de M. de Longpérier je n'offre ici que de simples hypothèses. Plus savants et plus ingénieux, ou aidés par des médailles plus nombreuses et mieux conservées, mes successeurs dans cette carrière si peu frayée encore pourront jeter de nouvelles lumières sur l'histoire si ténébreuse de l'antique Éthiopie.

Antoine d'Abbadie.

P. S. Quoique la pièce de Gersem autorise à prendre BACILI pour βασιλεύς, on pourrait ne pas voir le même mot dans le BACCIN de la monnaie d'or n° 3, car il y aurait et une lettre de trop et un caractère changé. Je hasarde une autre lecture : BAC serait pour βασιλεύς, *roi*, et CIN « sim, » *chef*, la lettre finale étant changée en *n* à cause du *b* qui suit, car dans ce cas les Éthiopiens préfèrent un *n* à un *m*. En tigray, « sum » se préfixe souvent au nom d'un chef, et le souverain des *Kamta* ne prend d'autre titre que celui de « sum » ou « sim, » suivant la langue employée, bien qu'il ait le privilége séculaire des honneurs royaux. Au reste, M. de Longpérier a pensé qu'on pourrait peut-être chercher ici un nom formé de deux mots arabes « Sin bakhasa » (*luna diminuit*).

Collection de *M. Antoine d'Abbadie.*

(Pl. III.)

N° 1. +OYΛZHBAC(?) BACIΛEYC. Buste royal, tourné à droite, la tête ceinte d'une tiare ovoïdale. Deux grands épis recourbés entourent le buste.

℟. +TOYTO APEⅭH TH XωPA, autour d'un buste accompagné du titre BACIΛEYC en partie effacé. — Cuivre. Centre du revers doré (pl. III, n° 1). Exemplaire unique.

N° 2. BACIΛEYC. Buste royal, la tête ceinte d'une tiare ovoïdale ornée d'un fleuron sur le devant.

℟. TOYTO APEⅭH TH XωPA. Croix à bras égaux. — Cuivre (pl. III, n° 2). Un exemplaire.

N° 3. Mêmes légendes avec variétés dans la forme des caractères (pl. III, n° 3). Quatre exemplaires; quelques-uns très-frustes.

N° 4. AⅭΛEΛ + Buste royal, tourné à droite, la tête diadémée et ceinte d'une couronne à pointes ornée de perles. Le bras droit tient un sceptre surmonté d'une croix.

℟. TOTYO APⅭⅭH TH XωPA (*sic*). Croix à bras égaux, au centre de laquelle est une cavité dorée. — Cuivre (pl. III, n° 4). Trois exemplaires avec centre doré.

N° 5. Même type au droit.

℟. TOTYO A⌐⊐⊐H TH XωPA (*sic*). Croix. — Cuivre (pl. III, n° 5).

N° 6. ንጉሠ አረመሕ (le roi Armah). Le Nigus vêtu d'une tunique, la tête ceinte d'une couronne élevée, assis sur un trône et tourné vers la droite ; il tient un sceptre surmonté d'une croix. Dans le champ, près de la tête, une petite croix.

℞. በእሕዘበረሠሕበየከነ Croix longue, à centre doré, posée sur un globe ; entre deux épis (ou palmes). — Cuivre (pl. III, n° 6).

N° 7. Autre. Pas de croisette dans le champ, sceptre plus long.

℞. La croix est plus longue que celle qui se voit au revers du numéro précédent ; centre doré. Variétés dans la forme des lettres.—Cuivre (pl. III, n° 7). Deux exemplaires.

Sous le n° 8 de la même planche, nous avons placé le dessin que j'ai fait faire à Alexandrie en 1839, par l'admirable artiste M. A. Fries, d'après la monnaie appartenant à M. Anastasi. (Pl. III, n° 8.)

N° 8. በእሕዘበዘ...በ... Buste royal diadémé, tourné à droite, tenant un épi ou une palme.

℞. ነ7...ዘመዘ.... Croix chargée en cœur d'une croix plus petite, et dont les quatre bras sont terminés par des croisettes. Centre doré.—Cuivre (pl. III, n° 9). Exemplaire unique.

N° 9. Buste royal de face, la tête ceinte d'une couronne. Dans le champ, trois croisettes ; le tout entouré par deux grandes palmes recourbées.

℞. ሕተዘ ነገሠ እከሰመ (Hataz, nigusa Aksum). Croix dans un entourage composé de huit arcs de cercle. — Cuivre (pl. III, n° 10). Deux exemplaires ; un très-fruste.

Cette monnaie semble avoir été frappée à une époque assez voisine du règne de Armah, et le roi Hataz, dont elle porte le nom, n'est bien probablement pas le même que celui dont les monnaies plus grossières sont décrites ci-après.

N° 10. ነገሠ ሕተዘ (Nigus Hataz). Buste du roi Hataz posé de face, la tête ceinte d'une couronne ornée de fleurons, tenant de la main droite une croix.

ቅ. **በእሐዘበሠበ** (?). Croix dans un entourage qua-
drilatéral dont les angles portent à leur sommet chacun
une croix. — Cuivre (pl. III, nᵒˢ 11, 12, 13). Sous le dernier numéro, variété avec croisette au-dessus de l'épaule
gauche. Cinq exemplaires; quelques-uns très-frustes.

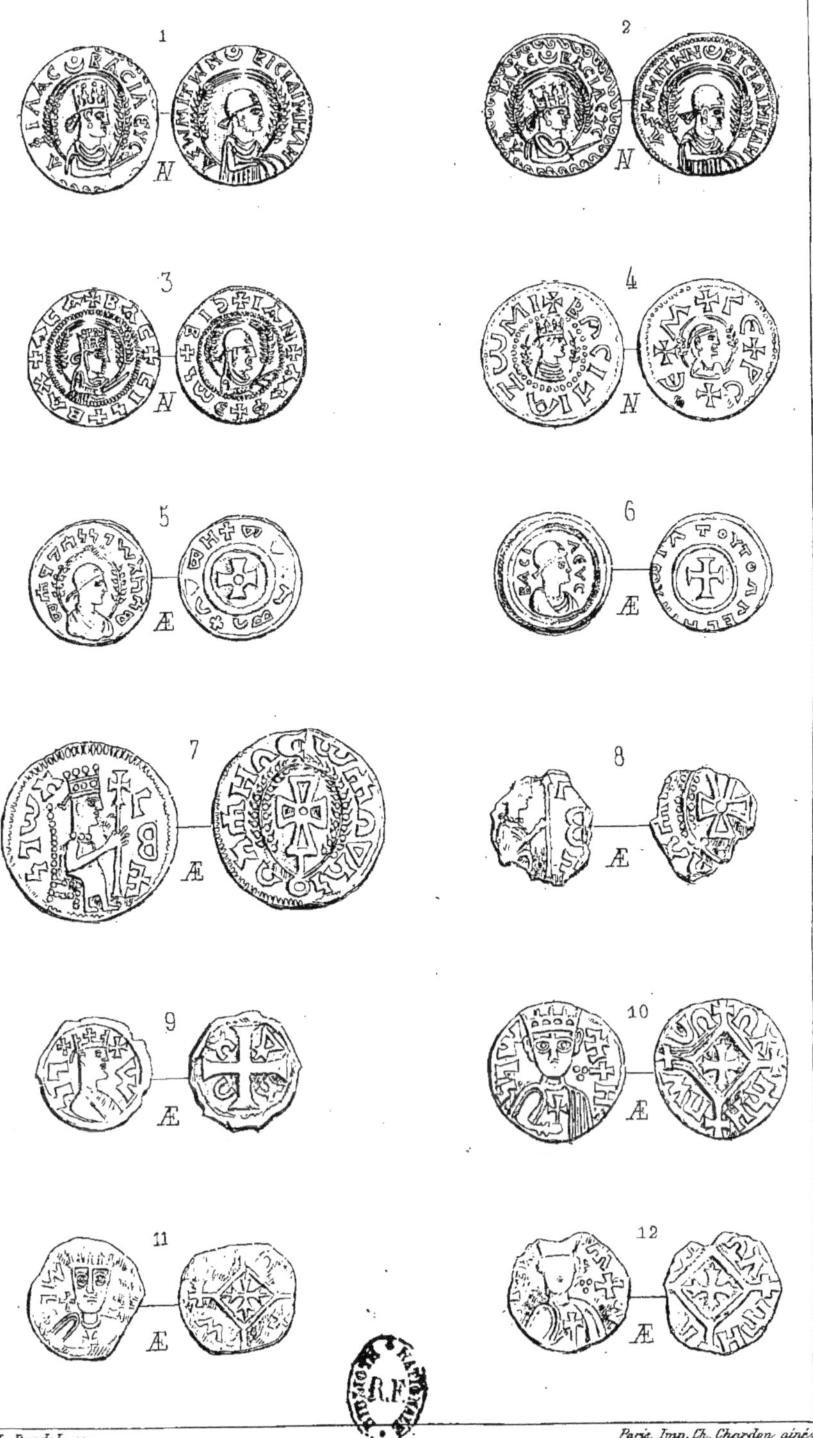

ROIS D'ÉTHIOPIE

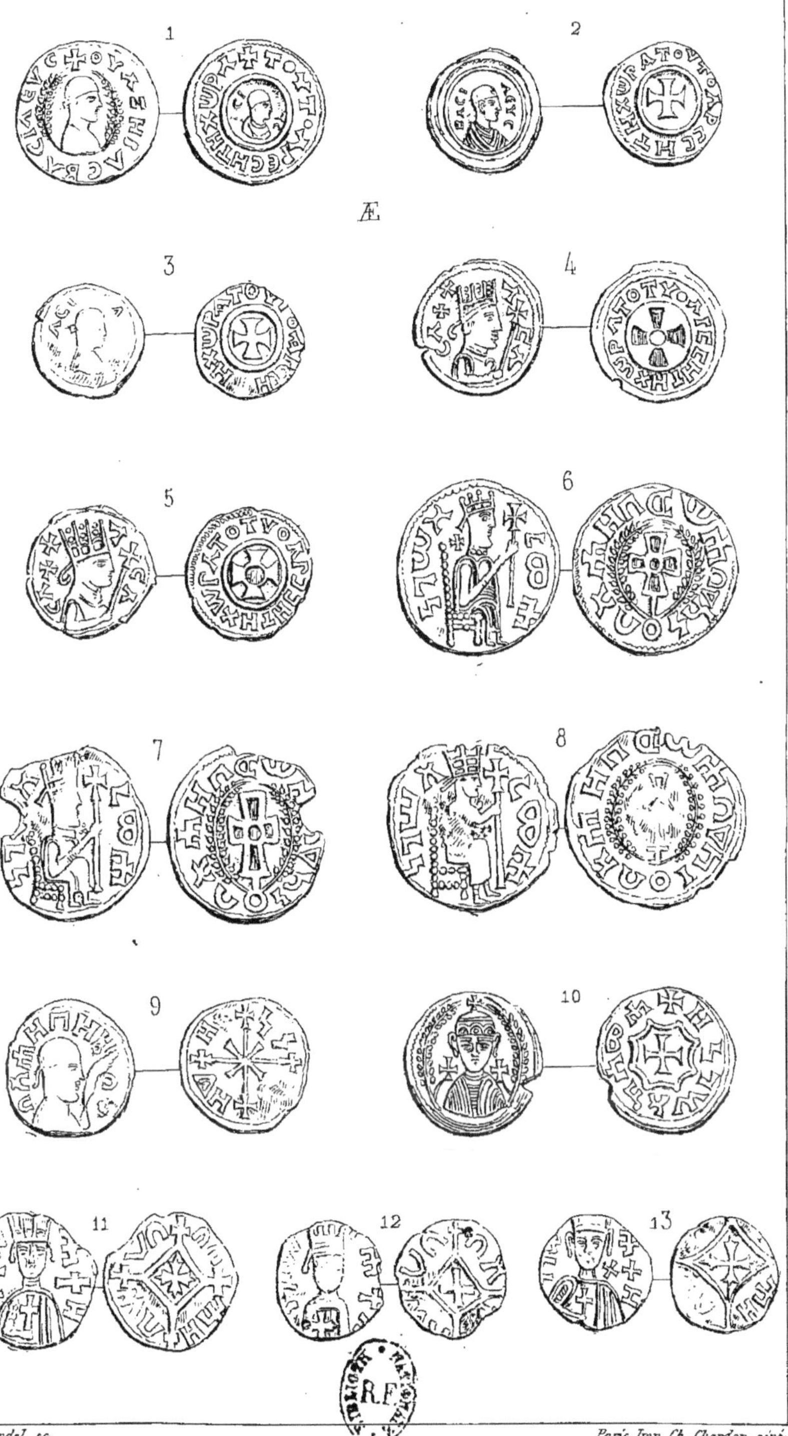

ROIS D'ÉTHIOPIE

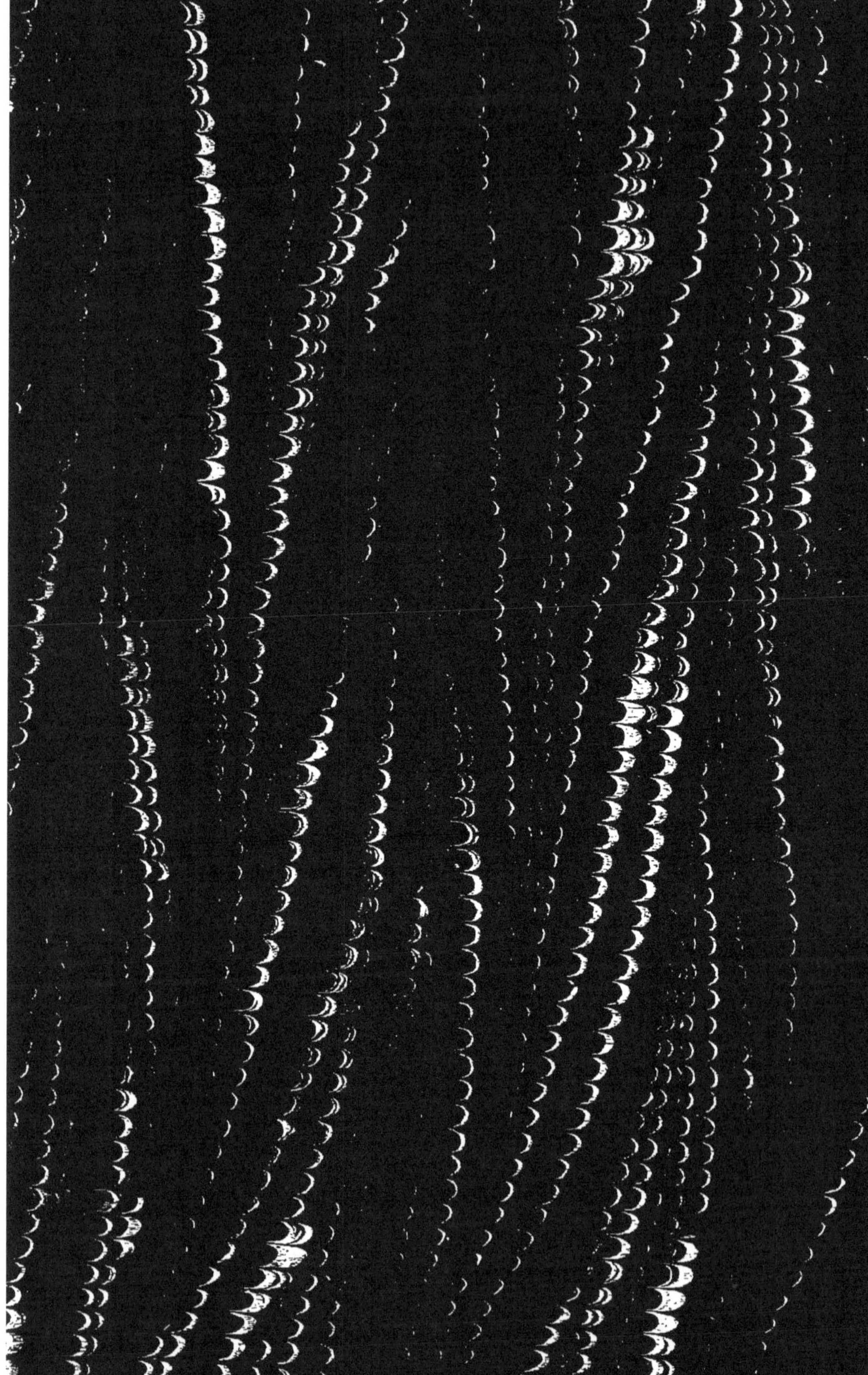

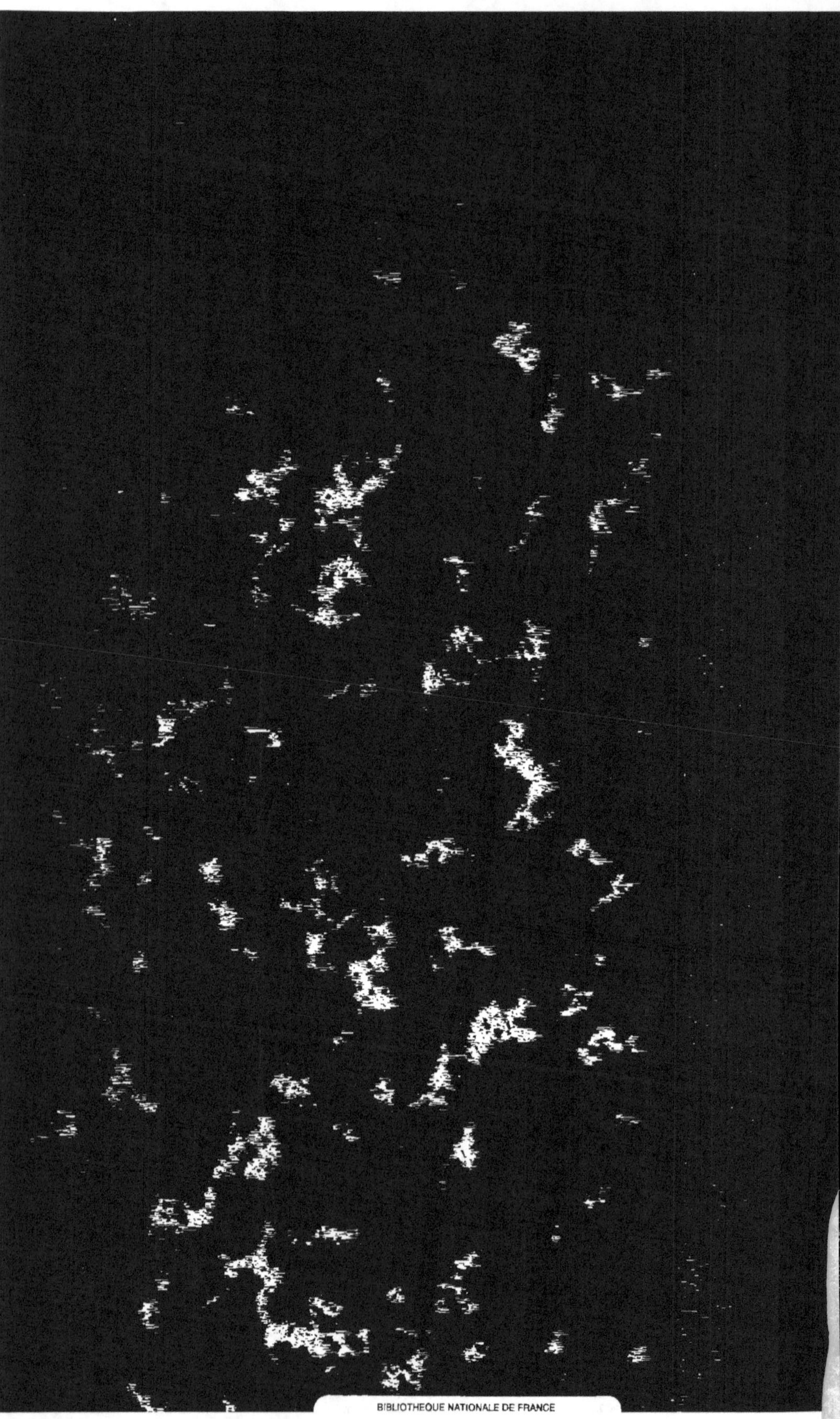